AF222049

skole - школа	2
rejse - путовање	5
transport - транспорт	8
by - град	10
landskab - пејсаж	14
restaurant - ресторан	17
supermarked - супермаркет	20
drikkevarer - напитци	22
mad - јело	23
bondegård - сеоско газдинство	27
hus - кућа	31
stue - дневна соба	33
køkken - кухиња	35
badeværelse - купаоница	38
børneværelse - дечија соба	42
tøj - одећа	44
kontor - канцеларија	49
økonomi - економија	51
erhverv - занимања	53
værktøj - алати	56
musikinstrumenter - музички инструмент	57
zoo - зоолошки врт	59
sport - спорт	62
aktiviteter - активности	63
familie - породица	67
krop - тело	68
sygehus - болница	72
nødstilfælde - хитни случај	76
Jorden - земља	77
ur - сат	79
uge - седмица	80
år - година	81
former - облици	83
farver - боје	84
modsætninger - супротности	85
tal - бројеви	88
sprog - језици	90
hvem / hvad / hvordan - ко / шта / како	91
hvor - где	92

Impressum
Verlag: BABADADA GmbH, Nedderfeld 112 , 22529 Hamburg
Geschäftsführer / Verlagsleitung: Harald Hof
Druck: Books on Demand GmbH, In de Tarpen 42, 22848 Norderstedt

Imprint
Publisher: BABADADA GmbH, Nedderfeld 112 , 22529 Hamburg, Germany
Managing Director / Publishing direction: Harald Hof
Print: Books on Demand GmbH, In de Tarpen 42, 22848 Norderstedt, Germany

skole

школа

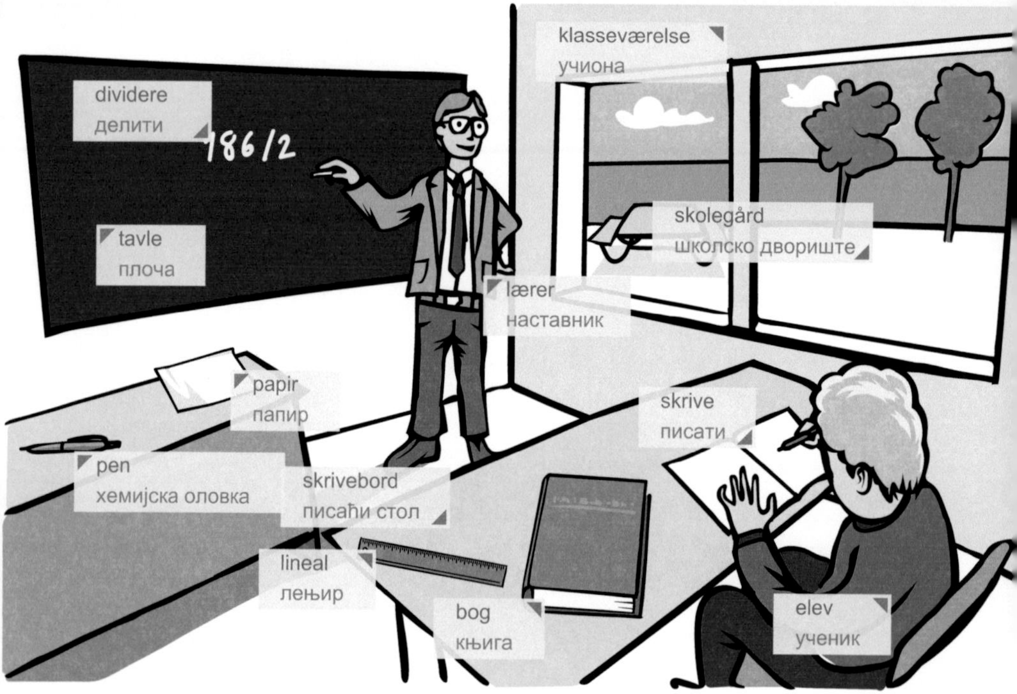
klasseværelse
учиона
dividere
делити
186/2
tavle
плоча
skolegård
школско двориште
lærer
наставник
papir
папир
skrive
писати
pen
хемијска оловка
skrivebord
писаћи стол
lineal
лењир
bog
књига
elev
ученик

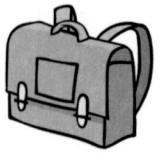

skoletaske

торба

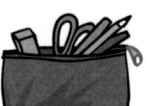

penalhus

перница

blyant

графитна оловка

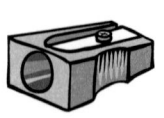

blyantspidser

шиљило за оловке

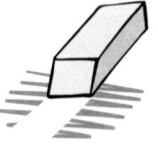

viskelæder

гумица за брисање

tegneblok

блок за цртање

tegning

цртеж

pensel

кист

æske med vandfarver

кутија са бојама

saks

маказе

lim

лепило

opgavehefte

бележница

lektie

домаћи задатак

12

tal

број

2+2

addere

сабирати

5-2

subtrahere

одузимати

2×2

multiplicere

множити

regne

рачунати

A

bogstav

слово

ABCDEFG
HIJKLMN
OPQRSTU
VWXYZ

alfabet

абецеда

hello

ord

реч

tekst

текст

læse

читати

kridt

креда

time

час

klasseprotokol

дневник

eksamen

испит

karakterbog

сведочанство

skoleuniform

школска униформа

uddannelse

образовање

leksikon

лексикон

universitet

универзитет

mikroskop

микроскоп

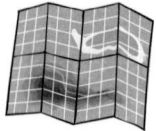

kort

карта

papirkurv

кошара за папир

rejse
путовање

hotel
хотел
Grand
herberg
преноћиште
ROOMS
vekselkontor
мењачница
kuffert
кофер
bil
ауто

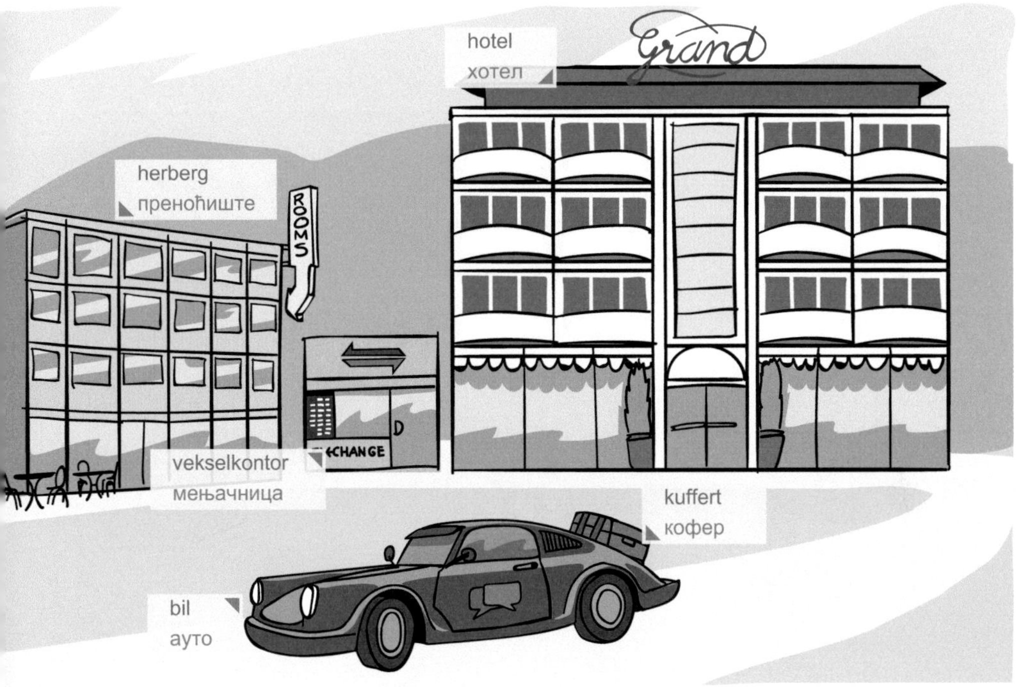

sprog

језик

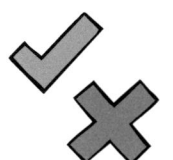

ja / nej

да / не

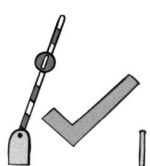

okay

океј

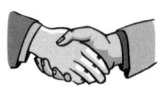

hej

здраво

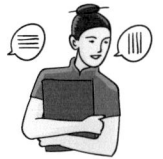

oversætter

преводилац

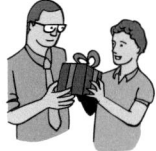

tak

хвала

hvad koster…?

Колико кошта…?

Jeg forstår ikke

не разумем

problem

проблем

God aften!

добро вече!

God morgen!

Добро јутро!

God nat!

Лаку ноћ!

farvel

довиђења

retning

смер

bagage

пртљага

taske

торба

rygsæk

руксак

gæst

гост

værelse

соба

sovepose

врећа за спавање

telt

шатор

turistinformation

уристичке информације

strand

плажа

kreditkort

кредитна картица

morgenmad

доручак

middagsmad

ручак

aftensmad

вечера

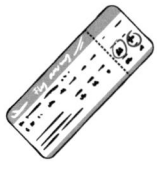

billet

карта за вожњу

elevator

лифт

frimærke

поштанска маркица

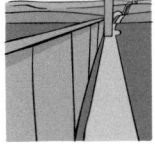

grænse

граница

told

царина

ambassade

амбасада

visum

виза

pas

пасош

transport
транспорт

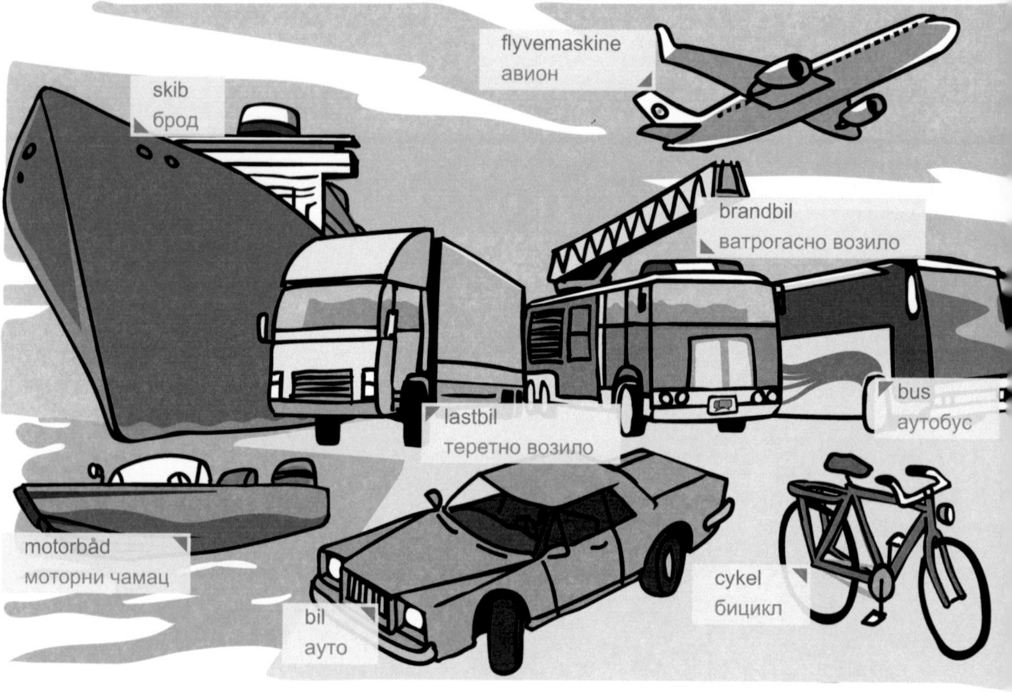

flyvemaskine
авион

skib
брод

brandbil
ватрогасно возило

bus
аутобус

lastbil
теретно возило

motorbåd
моторни чамац

cykel
бицикл

bil
ауто

færge

трајект

båd

чамац

motorcykel

мотоцикл

politibil

полицијски ауто

racerbil

тркаћи ауто

lejebil

изнајмљено ауто

samkørsel

дељење аутомобила

kranbil

вучно возило

skraldebil

возило за одвоз смећа

motor

мотор

benzin

бензин

tankstation

бензинска станица

trafikskilt

саобраћајни знак

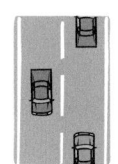

trafik

саобраћај

trafikprop

застој

parkeringsplads

паркиралиште

banegård

железничка станица

skinner

шине

tog

воз

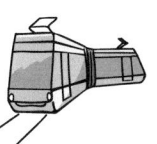

sporvogn

трамвај

wagon

вагон

helikopter

хеликоптер

lufthavn

аеродром

tårn

кула

passager

путник

container

контејнер

karton

картон

kærre

колица

kurv

корпа

starte / lande

узлетети / слетети

by

град

landsby

село

bymidte

центар града

hus

кућа

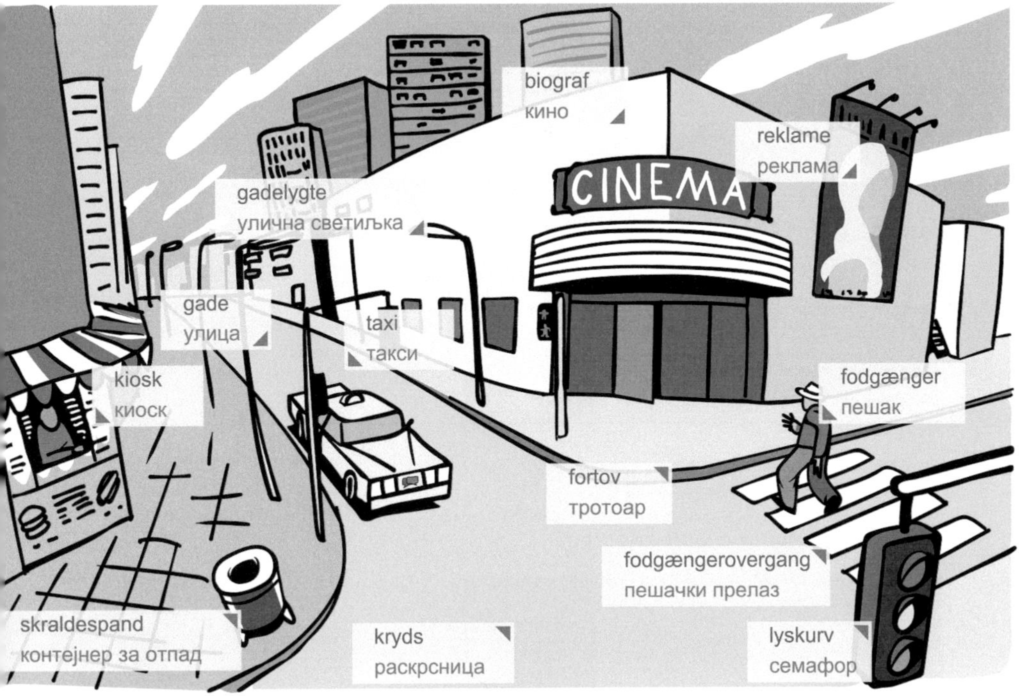

biograf
кино
reklame
реклама
CINEMA
gadelygte
улична светиљка
gade
улица
taxi
такси
kiosk
киоск
fodgænger
пешак
fortov
тротоар
fodgængerovergang
пешачки прелаз
skraldespand
контејнер за отпад
kryds
раскрсница
lyskurv
семафор

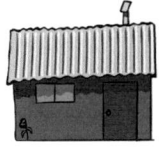

hytte

колиба

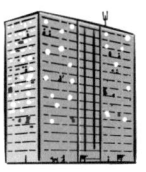

lejlighed

стан

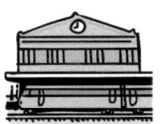

banegård

железничка станица

rådhus

већница

MUSEUM

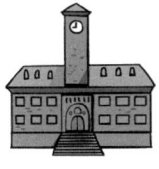

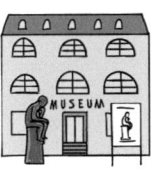

museum

музеј

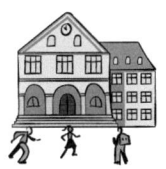

skole

школа

universitet

универзитет

bank

банка

sygehus

болница

hotel

хотел

apotek

апотека

kontor

канцеларија

boghandel

књижара

butik

продавница

blomsterbutik

цвећара

supermarked

супермаркет

marked

трг

stormagasin

робна кућа

fiskehandler

рибарница

butikscenter

трговачки центар

havn

лука

park

парк

bænk

клупа

bro

мост

trappe

степенице

undergrundsbane

подземна железница

tunnel

тунел

busstoppested

аутобуска станица

barnevogn

бар

restaurant

ресторан

postkasse

поштанско сандуче

vejskilt

улични знак

parkometer

паркирни аутомат

zoo

зоолошки врт

badeanstalt

базен

moske

џамија

bondegård

сеоско газдинство

miljøforurening

загађење околине

kirkegård

гробље

kirke

црква

legeplads

игралиште

tempel

храм

landskab

пејсаж

blad
лист

vejviser
путоказ

vej
пут

eng
ливада

sten
камен

vandrer
шетач

træ
дрво

flod
река

græs
трава

blomst
цвет

dal

долина

bjerg

планина

sø

језеро

skov

шума

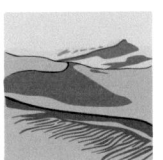

ørken

пустиња

vulkan

вулкан

slot

дворац

regnbue

дуга

svamp

гљива

palme

палма

moskito

москито

flue

мува

myre

мрав

bi

пчела

edderkop

паук

landskab - пејсаж

bille

буба

frø

жаба

egern

веверица

pindsvin

јеж

hare

зец

ugle

сова

fugl

птица

svane

лабуд

vildsvin

дивља свиња

hjort

јелен

elg

лос

dæmning

насип

vindmølle

ветрењача

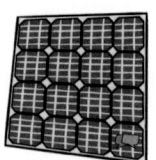

solcellemodul

соларна плоча

klima

клима

restaurant

ресторан

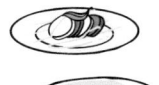

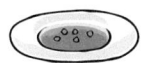

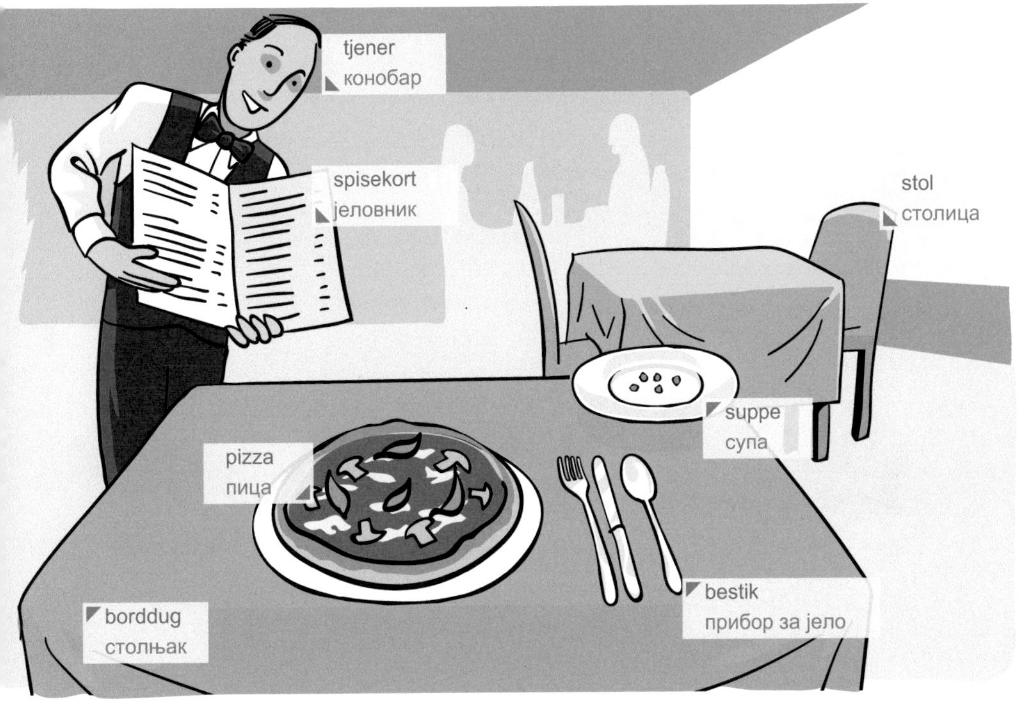

tjener
конобар
spisekort
јеловник
stol
столица
suppe
супа
pizza
пица
bestik
прибор за јело
borddug
стољњак

forret

предјело

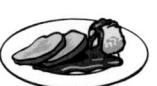

hovedret

главно јело

dessert

десерт

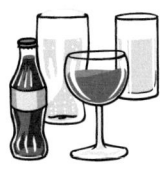

drikkevarer

напитци

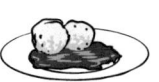

mad

јело

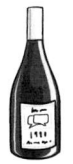

flaske

флаша

fastfood

брза храна

streetfood

имбис храна

tekande

чајник

sukkerdåse

доза за шећер

portion

порција

espressomaskine

апарат за еспресо

barnestol

висока столица

faktura

рачун

tablet

послужавник

kniv

нож

gaffel

виљушка

ske

кашика

teske

чајна кашика

serviet

салвета

glas

чаша

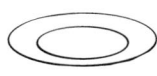

tallerken

тањир

dyb tallerken

тањир за супу

underkop

тањирић

sovs

сос

saltbøsse

сољенка

peberkværn

млин за бибер

eddike

сирће

olie

уље

krydderier

зачини

ketchup

кечап

sennep

сенф

mayonnaise

мајонеза

supermarked
супермаркет

tilbud
понуда
FOR
kunde
купац
mælkeprodukter
млечни производи
frugt
воће
indkøbsvogn
колица за куповину

BUTCHERS

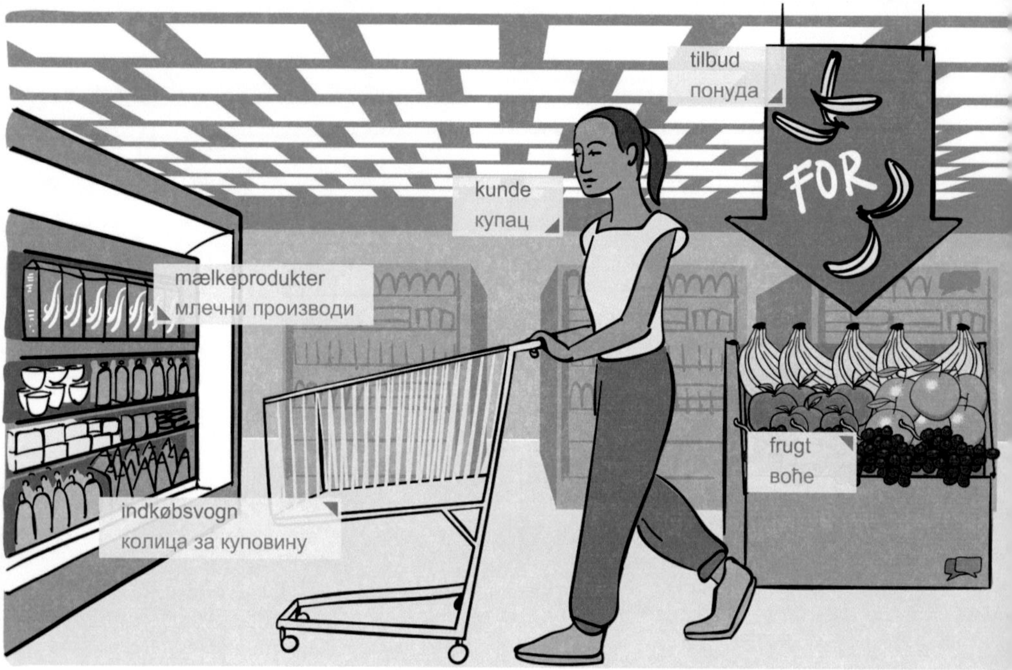

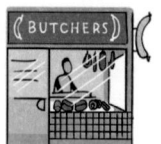

slagter

месница

BAKERY

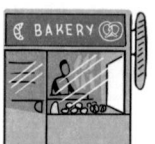

bageri

пекара

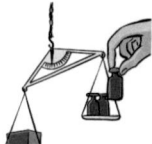

veje

вагати

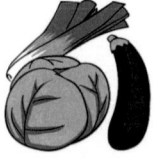

grøntsager

поврће

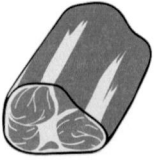

kød

месо

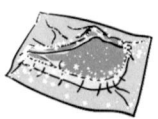

frostvarer

смрзнута храна

pålæg

нарезак

konserves

конзерве

vaskemiddel

средство за прање

slik

слаткиши

husholdningsvarer

артикли за домаћинство

rengøringsmidler

средства за чишћење

ekspedient

продавачица

kasse

благајна

kasserer

благајник

indkøbsliste

листа за куповину

åbningstider

време рада

tegnebog

новчаник

kreditkort

кредитна картица

taske

торба

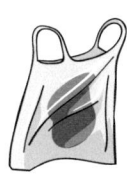

plasticpose

пластична кеса

vand

вода

saft

сок

mælk

млеко

cola

кола

vin

вино

øl

пиво

alkohol

алкохол

kakao

какао

te

чај

kaffe

кава

espresso

еспресо

cappuccino

капућино

banan

банана

æble

јабука

appelsin

наранџа

melon

лубеница

citron

лимун

gulerod

шаргарепа

hvidløg

бели лук

bambus

бамбус

løg

лук

svamp

гљива

nødder

орашасти плодови

nudler

резанци

spaghetti

шпагете

ris

рижа

salat

салата

pomfritter

помфрит

stegte kartofler

печени крумпир

pizza

пица

hamburger

хамбургер

sandwich

сендвич

schnitzel

шницла

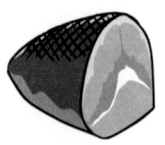

skinke

шунка

salami

салама

pølse

кобасица

kylling

кокош

steg

печење

fisk

риба

havregryn

зобене пахуљице

mysli

мусли

cornflakes

кукурузне пахуљице

mel

брашно

croissant

кроасан

rundstykke

пециво

brød

хлеб

toast

тоаст

kiks

кекси

smør

маслац

kvark

свежи сир

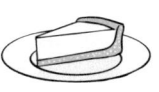

kage

колач

æg

јаје

spejlæg

јаје на око

ost

сир

is

сладолед

sukker

шећер

honning

мед

marmelade

мармелада

nougat-creme

нугат крема

karry

кари

bondegård

сеоско газдинство

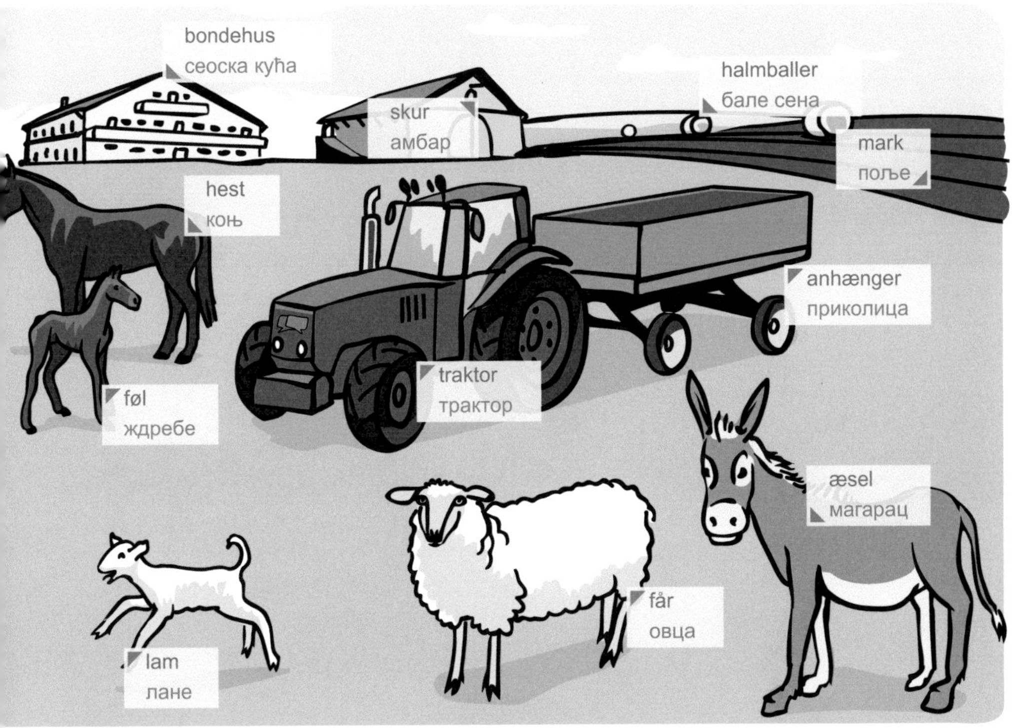

bondehus
сеоска кућа
skur
амбар
halmballer
бале сена
mark
поље
hest
коњ
anhænger
приколица
føl
ждребе
traktor
трактор
æsel
магарац
får
овца
lam
лане

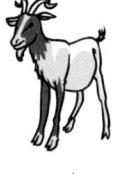

ged

коза

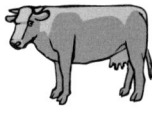

ko

крава

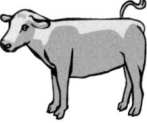

kalv

теле

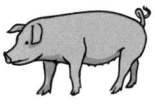

svin

свиња

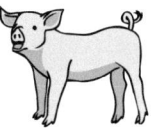

gris

прасе

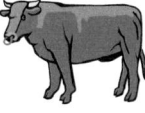

tyr

бик

gås

гуска

and

патка

kylling

пилићи

høne

кокош

hane

петао

rotte

пацов

kat

мачка

mus

миш

okse

вол

hund

пас

hundehus

кућица за пса

haveslange

вртно црево

vandkande

канта за поливање

le

коса

plov

плуг

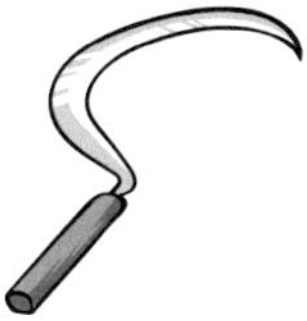

segl

срп

hakkejern

мотика

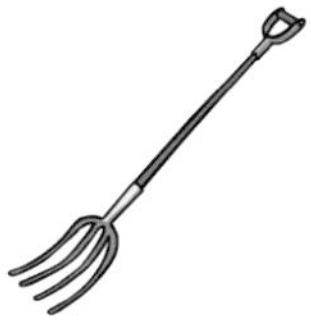

møggreb

виљушка за ђубриво

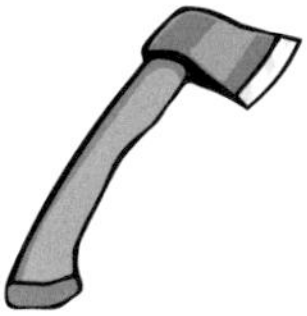

økse

секира

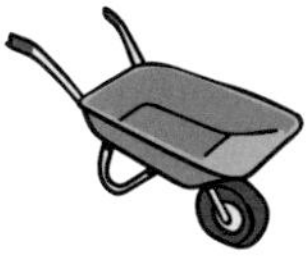

trillebør

тачке

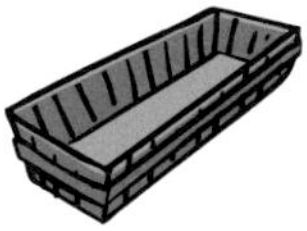

trug

корито

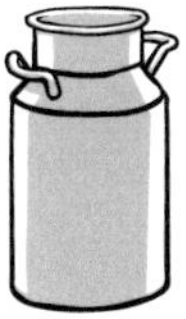

mælkekande

посуда за млеко

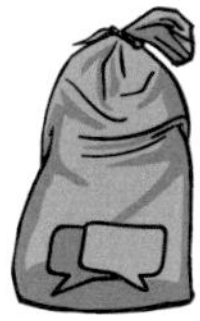

sæk

врећа

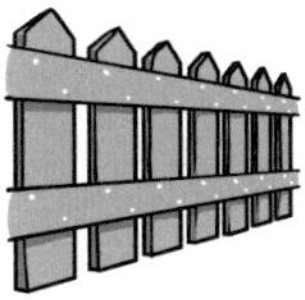

hæk

ограда

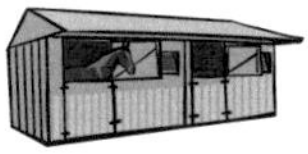

stald

штала

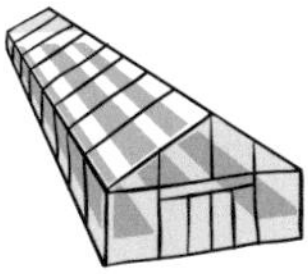

drivhus

стакленик

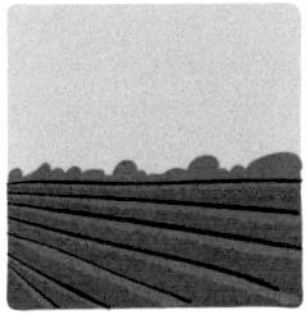

jord

земља

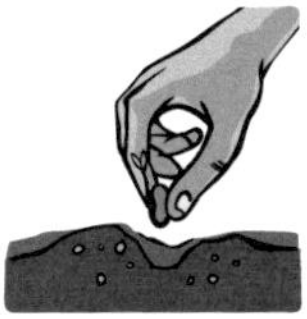

frø

семе

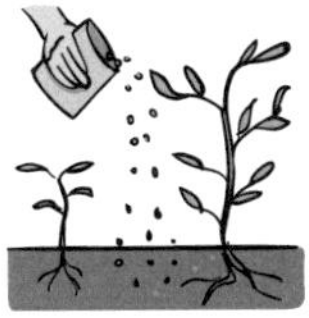

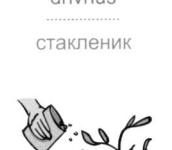

gødning

ђубриво

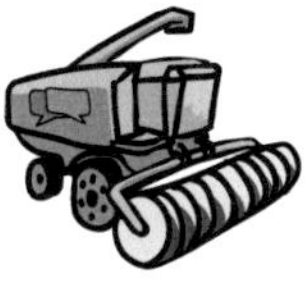

mejetærsker

комбајн

høste

жети

høst

жетва

yams

јамс зачин

hvede

пшеница

soja

соја

kartoffel

крумпир

majs

кукуруз

raps

уљана репица

frugttræ

воћка

maniok

гомољ маниоке

korn

житарице

hus
кућа

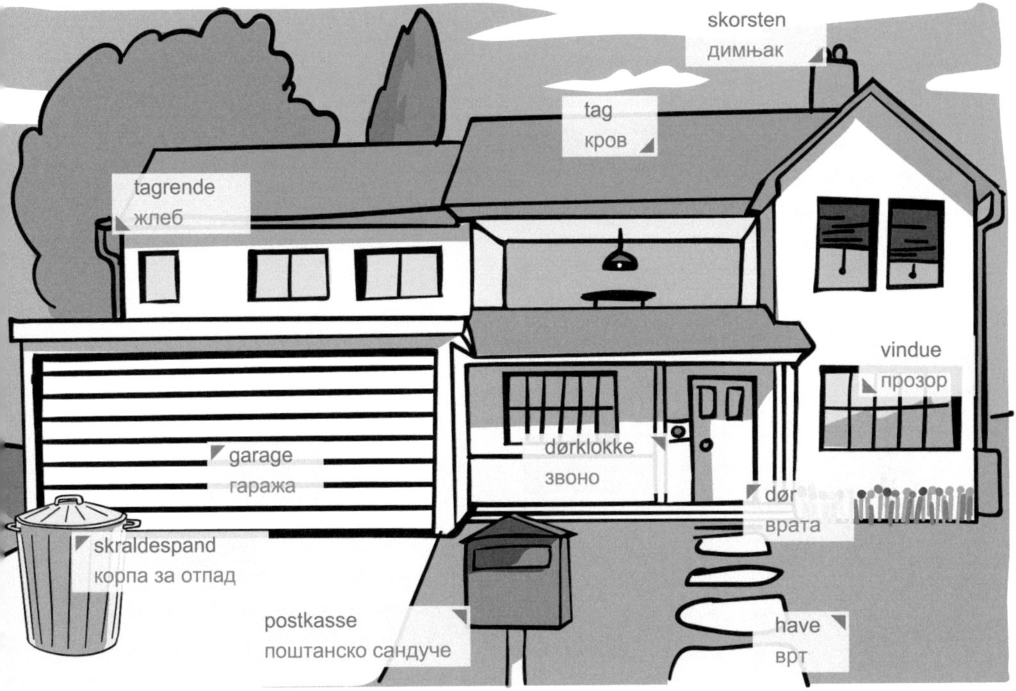

skorsten
димњак
tag
кров
tagrende
жлеб
vindue
прозор
dørklokke
звоно
garage
гаража
dør
врата
skraldespand
корпа за отпад
postkasse
поштанско сандуче
have
врт

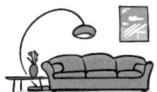

stue
дневна соба

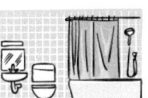

badeværelse
купаоница

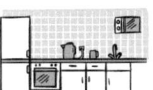

køkken
кухиња

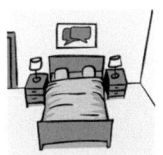

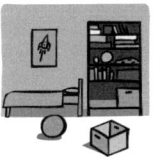

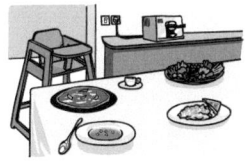

soveværelse
спаваћа соба

børneværelse
дечија соба

spisestue
трпезарија

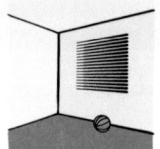

gulv

под

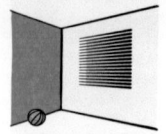

væg

зид

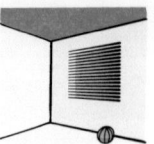

loft

строп

kælder

подрум

sauna

сауна

altan

балкон

terrasse

тераса

svømmehal

базен

plæneklipper

косилица за траву

dynebetræk

постељина за кревет

dyne

дека за кревет

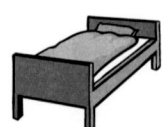

seng

кревет

kost

метла

spand

канта

kontakt

прекидач

stue
дневна соба

tapet
тапета
billede
слика
lampe
светиљка
reol
регал
skab
ормар
fjernsyn
телевизија
pejs
камин
blomst
цвет
pude
јастук
sofa
кауч
vase
ваза
fjernbetjening
даљински управљач

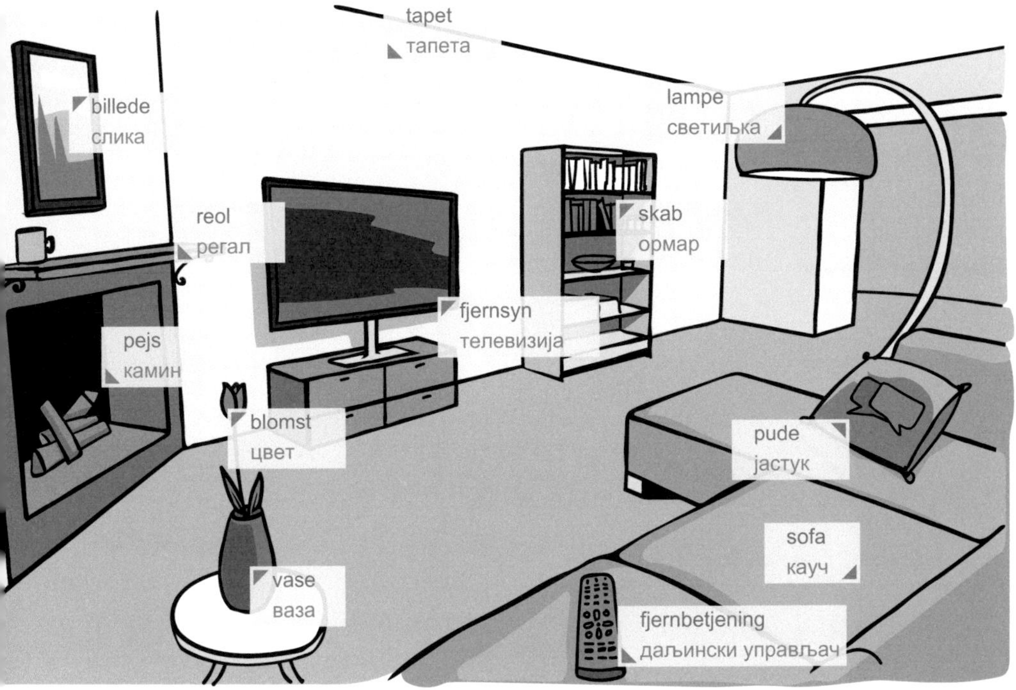

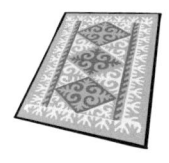

gulvtæppe

тепих

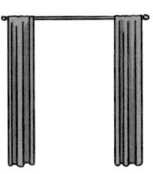

gardin

завеса

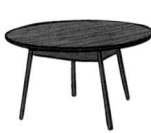

bord

сто

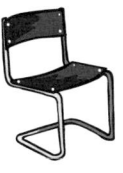

stol

столица

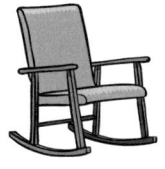

gyngestol

столица за њихање

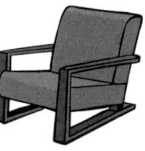

lænestol

фотеља

bog

књига

tæppe

дека

dekoration

декорација

brænde

дрво за огрев

film

филм

stereoanlæg

хи-фи уређај

nøgle

кључ

avis

новине

maleri

слика на платну

plakat

постер

radio

радио

notesblok

блок за писање

støvsuger

усисивач

kaktus

кактус

lys

свећа

køkken
кухиња

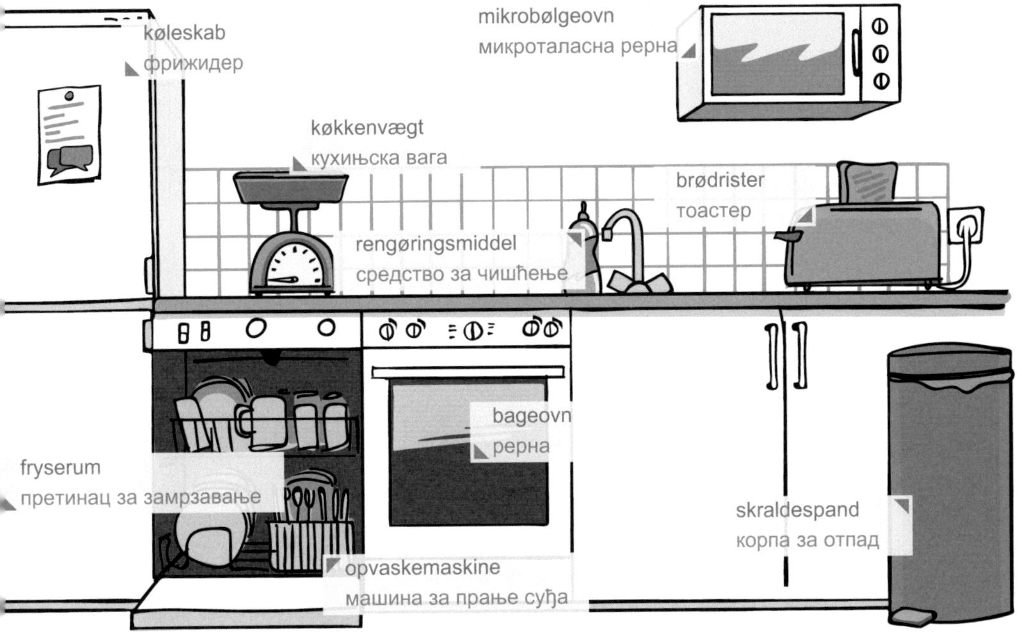

køleskab
фрижидер
mikrobølgeovn
микроталасна рерна
køkkenvægt
кухињска вага
brødrister
тоастер
rengøringsmiddel
средство за чишћење
bageovn
рерна
fryserum
претинац за замрзавање
skraldespand
корпа за отпад
opvaskemaskine
машина за прање суђа

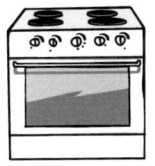

komfur

шпорет

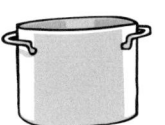

gryde

лонац

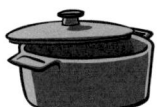

jerngryde

гвоздени лонац

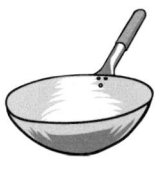

wok / kadai

вок / кадаи

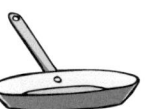

pande

тава

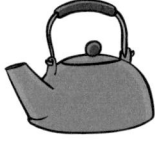

elkedel

кувало за воду

dampkoger

кувало на пару

bageplade

лим за печење

service

посуђе

bæger

чаша

skål

посуда

spisepinde

штапићи за јело

øseske

кутлача

paletkniv

лопатица

piskeris

пењача

dørslag

сито за кување

si

сито

rive

рибеж

morter

мужар

grille

роштиљ

ildsted

огњиште

skærebræt

даска

kagerulle

оклагија

proptrækker

вадичеп

dåse

конзерва

dåseåbner

отварач конзерви

grydelap

крпа за лонац

køkkenvask

судопер

børste

четка

svamp

сунђер

blender

миксер

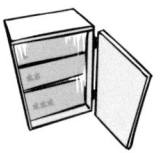

dybfryser

замрзивач

sutteflaske

флашица за бебе

vandhane

славина за воду

badeværelse

купаоница

radiator
грејање
brusebad
туш
håndklæde
пешкир
bruserforhæng
завеса за туш
skumbad
пенушава купка
badekar
када
glas
чаша
vaskemaskine
машина за прање веша
vandhane
славина за воду
fliser
плочице
tissepotte
тута
køkkenvask
судопер

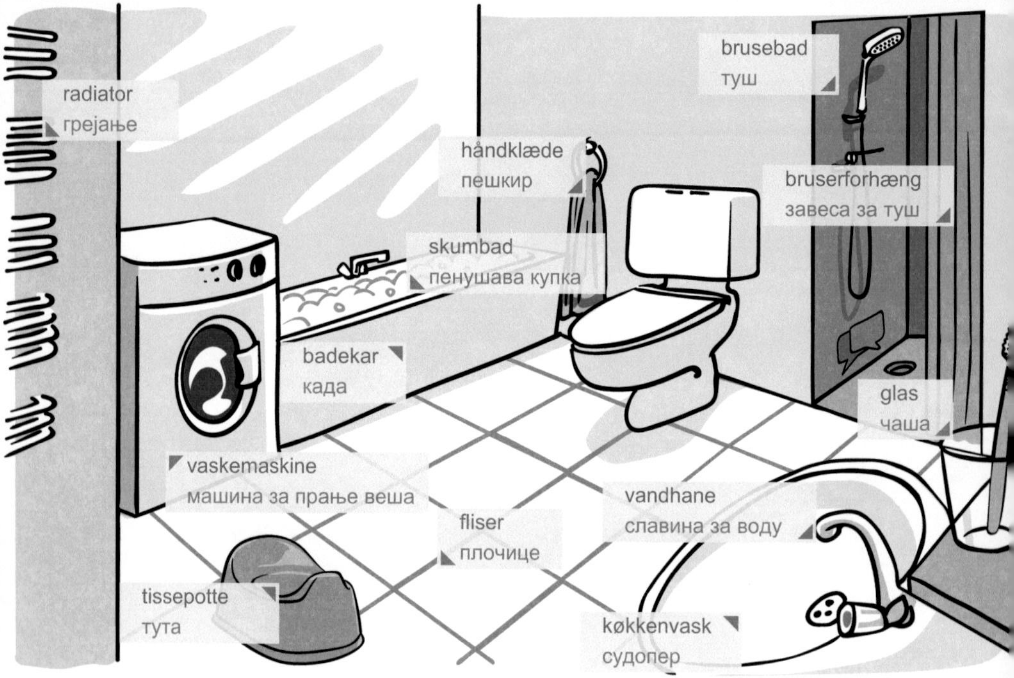

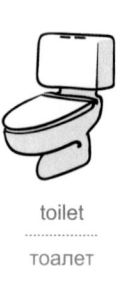

toilet

тоалет

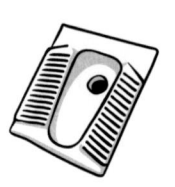

hugsiddende toilet

чучавац

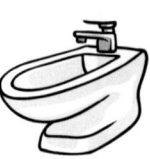

bidet

бидет

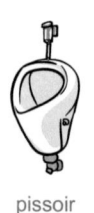

pissoir

писоар

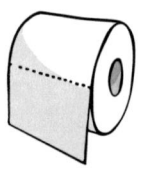

toiletpapir

тоалетни папир

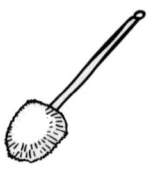

toiletbørste

четка за тоалет

tandbørste

четкица за зубе

tandpasta

паста за зубе

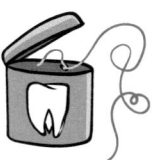

tandtråd

конац за зубе

vaske

прати

håndbruser

туш ручица

intimbruser

туш за прање интимних делова

vaskefad

лавор

badebørste

четка за прање леђа

sæbe

сапун

brusegele

гел за туширање

shampoo

шампон

vaskeklud

крпа за прање

afløb

одвод

creme

крема

deodorant

дезодоранс

spejl

огледало

kosmetikspejl

козметичко огледало

barberhøvl

бријач

barberskum

пена за бријање

barbervand

лосион за после бријања

kam

чешаљ

børste

четка

hårtørrer

фен за косу

hårspray

спреј за косу

makeup

шминка

læbestift

руж за усне

neglelak

лак за нокте

vat

вата

neglesaks

маказе за нокте

parfume

парфем

toilettaske

козметичка торбица

skammel

столица

vægt

вага

badekåbe

огртач

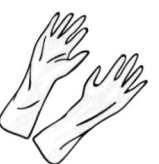

gummihandsker

рукавице за чишћење

tampon

тампон

damebind

уложак

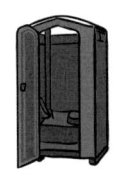

kemisk toilet

хемијски тоалет

børneværelse
дечија соба

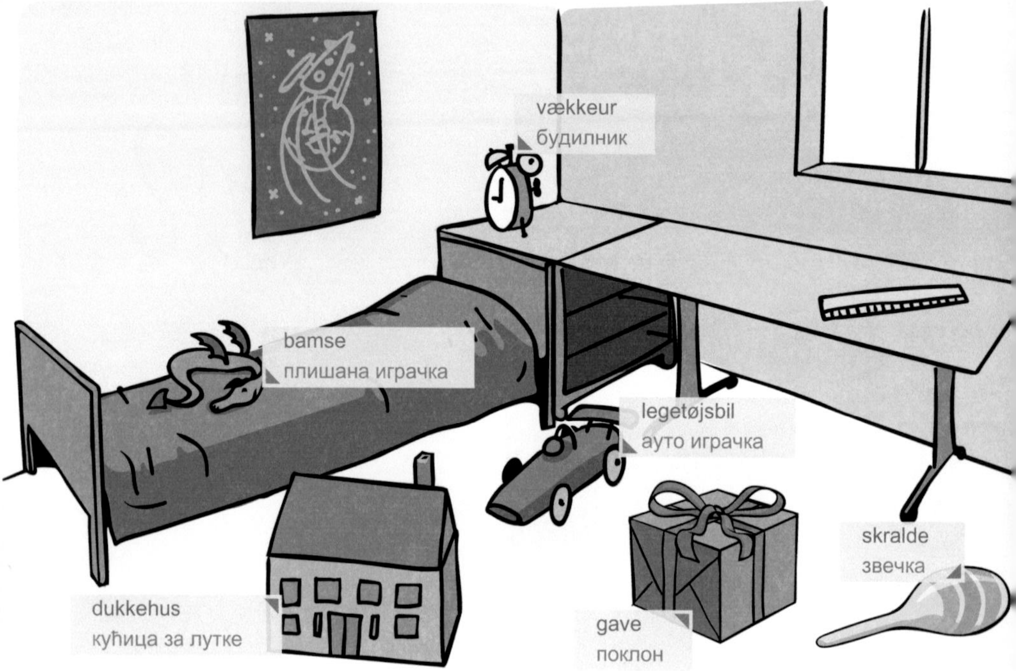
vækkeur
будилник
bamse
плишана играчка
legetøjsbil
ауто играчка
skralde
звечка
dukkehus
кућица за лутке
gave
поклон

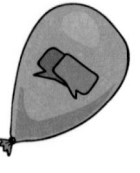

ballon
балон

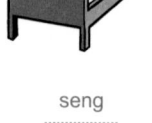

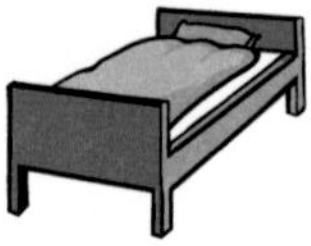
seng
кревет

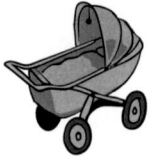

barnevogn
дјечија колица

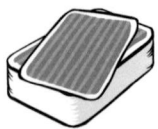

kortspil
игра са картама

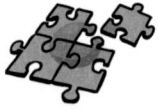

puslespil
слагалица

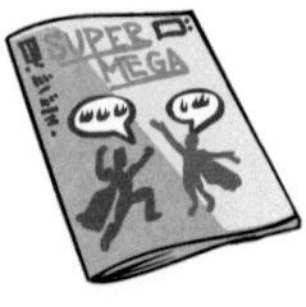

tegneserie
стрип

legoklodser

лего коцкице

byggeklodser

коцкице за слагање

action figur

акциони јунак

sparkedragt

бенкица за бебе

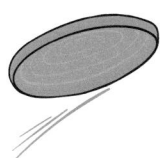

frisbee

фризби

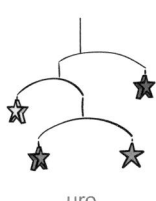

uro

висеће играчке

brætspil

друштвене игре

terning

коцка

modeljernbane

минијатурна жељезница

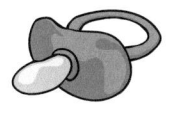

sut

дуда

fest

забава

billedbog

сликовница

bold

лопта

dukke

лутка

lege

играти

sandkasse

пешчаник

gynge

љуљачка

legetøj

играчка

spillekonsol

конзола за игре

trehjulet cykel

трицикл

bamse

теди

klædeskab

ормар

tøj

одећа

sokker

кратке чарапе

strømper

чарапе

strømpebukser

хулахопке

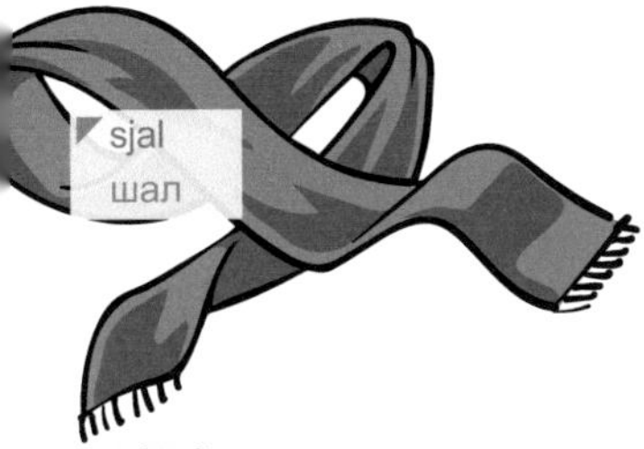

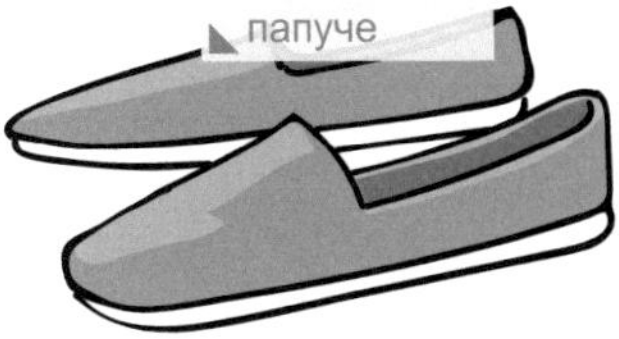

sjal
шал

paraply
кишобран

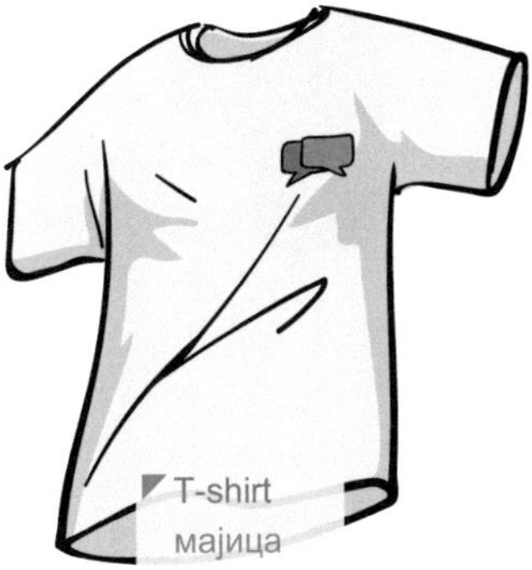

T-shirt
мајица

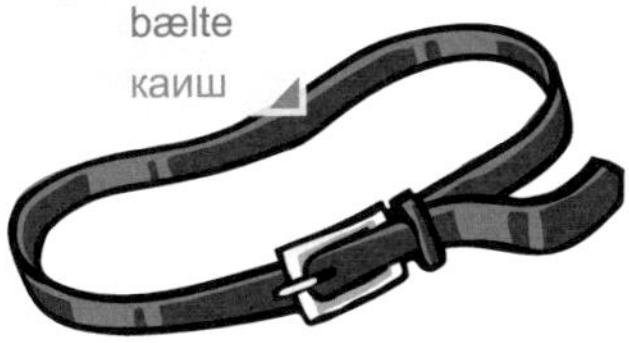

bælte
каиш

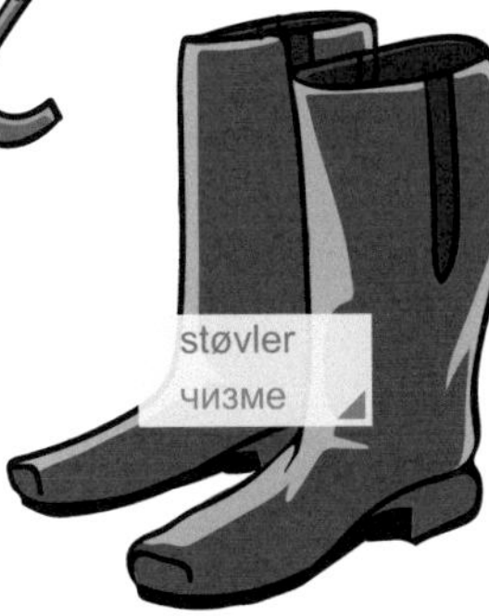

støvler
чизме

hjemmesko
папуче

sneakers
патике

sandaler

сандале

sko

ципеле

gummistøvler

гумене чизме

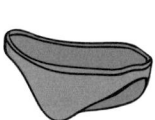

underbukser

гаћице

BH

грудњак

undertrøje

поткошуља

body

боди

bukser

панталоне

jeans

фармерке

nederdel

сукња

bluse

блуза

skjorte

кошуља

pullover

џемпер

sweatshirt

џемпер с капуљачом

blazer

сако

jakke

јакна

frakke

мантил

regnfrakke

кабаница

kostume

костим

kjole

хаљина

brudekjole

венчаница

jakkesæt

одело

nattrøje

спаваћица

pyjamas

пиџама

sari

сари

hovedtørklæde

марама за главу

turban

турбан

burka

бурка

kaftan

кафтан

abaya

абаја

badedragt

купаћи костим

badebukser

купаће гаћице

korte bukser

кратке панталоне

træningsdragt

одећа за тренинг

forklæde

кецеља

handsker

рукавице

knap

дугме

briller

наочаре

armbånd

наруквица

kæde

огрлица

ring

прстен

ørering

наушница

hue

капа

bøjle

вешалица

hat

шешир

slips

кравата

lynlås

патент затварач

hjelm

кацига

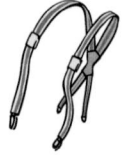

seler

нараменице

skoleuniform

школска униформа

uniform

униформа

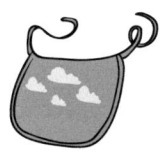

hagesmæk

подбрадак

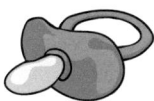

sut

дуда

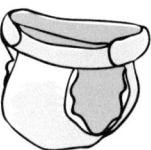

ble

пелена

kontor

канцеларија

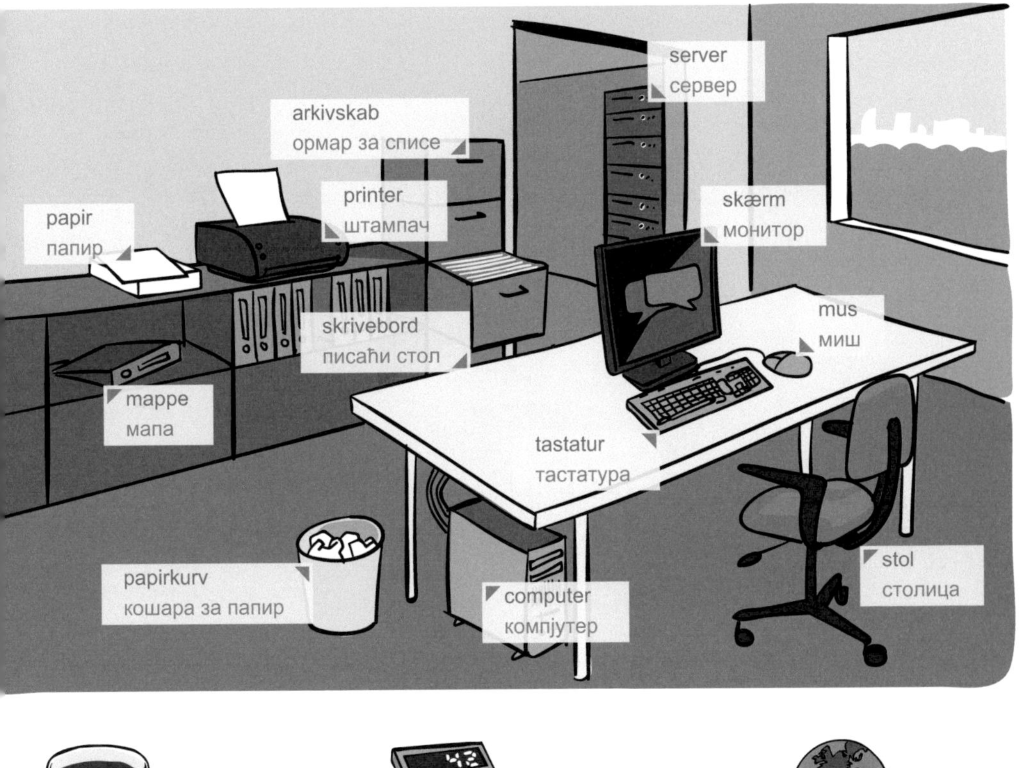

server
сервер
arkivskab
ормар за списе
printer
штампач
papir
папир
skærm
монитор
mus
миш
skrivebord
писаћи стол
mappe
мапа
tastatur
тастатура
papirkurv
кошара за папир
computer
компјутер
stol
столица

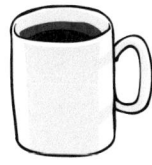

kaffekrus

шалица за каву

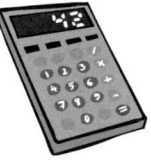

lommeregner

калкулатор

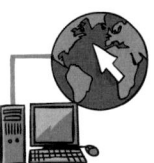

internet

интернет

bærbar

лаптоп

brev

писмо

besked

порука

mobil

мобилни телефон

netværk

мрежа

kopimaskine

уређај за копирање

software

софтвер

telefon

телефон

stikdåse

утичница

fax

факс

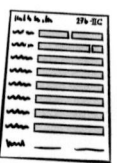

formular

формулар

dokument

документ

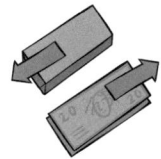

købe

куповати

betale

платити

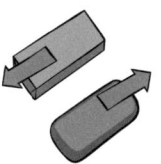

handle

трговати

penge

новац

USD

dollar

долар

EUR

euro

евро

JPY

yen

јен

RUB

rubel

рубља

CHF

schweizerfranc

швајцарски франак

CNY

renminbi yuan

ренминдби јуан

INR

rupee

рупија

hæveautomat

аутомат за новац

vekselkontor

мењачница

guld

злато

sølv

сребро

olie

нафта

energi

енергија

pris

цена

kontrakt

уговор

skat

порез

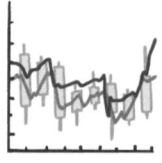

aktie

деонице

arbejde

радити

ansat

службеник

arbejdsgiver

послодавац

fabrik

фабрика

butik

продавница

erhverv

занимања

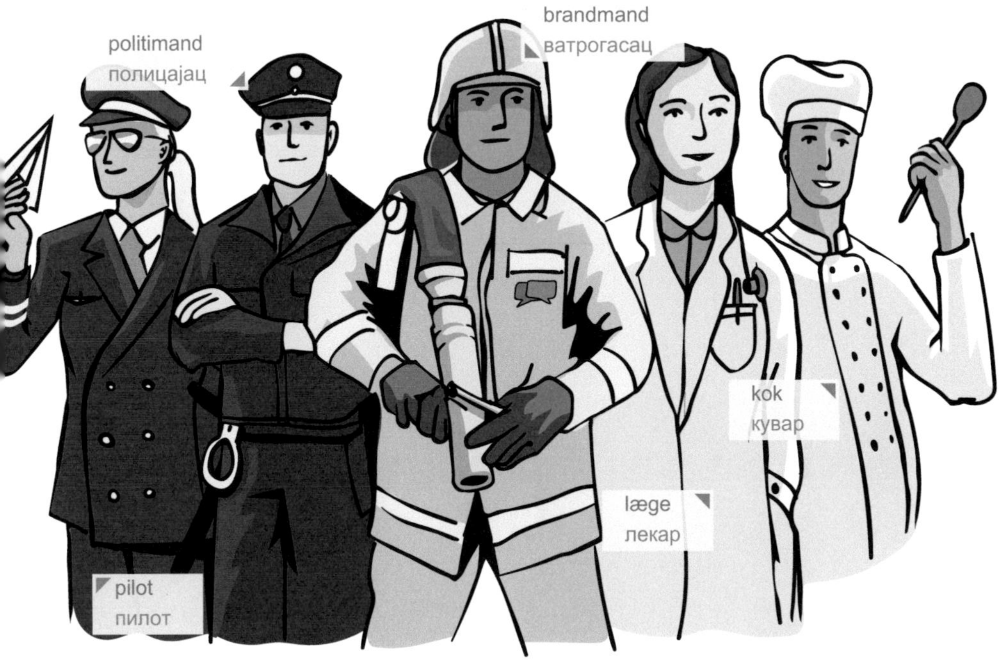
politimand
полицајац
brandmand
ватрогасац
kok
кувар
læge
лекар
pilot
пилот

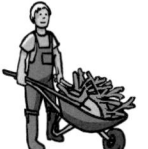

gartner

вртлар

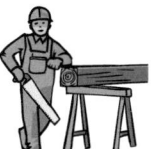

tømrer

столар

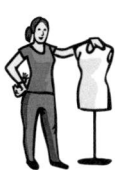

syerske

којачица

dommer

судија

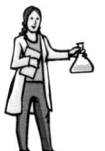

kemiker

хемичар

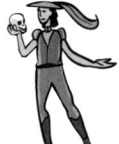

skuespiller

глумац

buschauffør

возач аутобуса

taxachauffør

возач таксија

fisker

рибар

rengøringskone

чистачица

tagdækker

кровопокривач

tjener

конобар

jæger

ловац

maler

сликар

bager

пекар

elektriker

електричар

bygningsarbejder

грађевински радник

ingeniør

инжењер

slagter

месар

vvs-mand

лимар

postbud

поштар

soldat

војник

arkitekt

архитекта

kasserer

благајник

blomsterhandler

цвећар

frisør

фризер

togfører

кондуктер

mekaniker

механичар

kaptajn

капетан

tandlæge

зубар

videnskabsmand

научник

rabbiner

раби

imam

имам

munk

монах

præst

свећеник

værktøj

алати

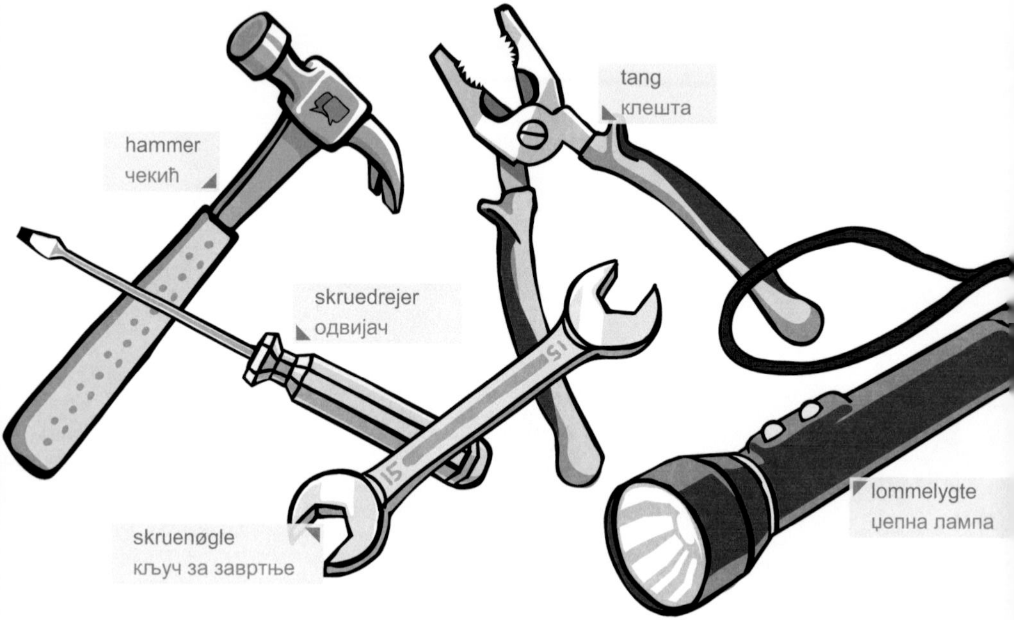
hammer
чекић
tang
клешта
skruedrejer
одвијач
skruenøgle
кључ за завртње
lommelygte
џепна лампа

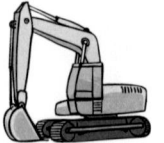

gravemaskine

багер

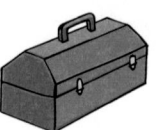

værktøjskasse

кутија за алат

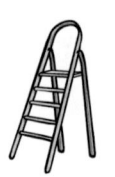

stige

мердевине

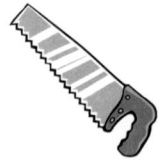

sav

пила

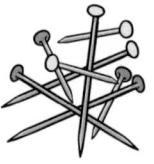

søm

ексер

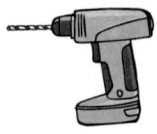

bor

бушилица

reparere

поправити

skovl

лопата

Lort!

до ђавола!

fejebakke

лопатица

malerspand

лонац за боју

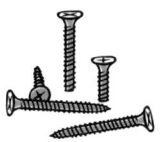

skruer

завртањи

musikinstrumenter
музички инструмент

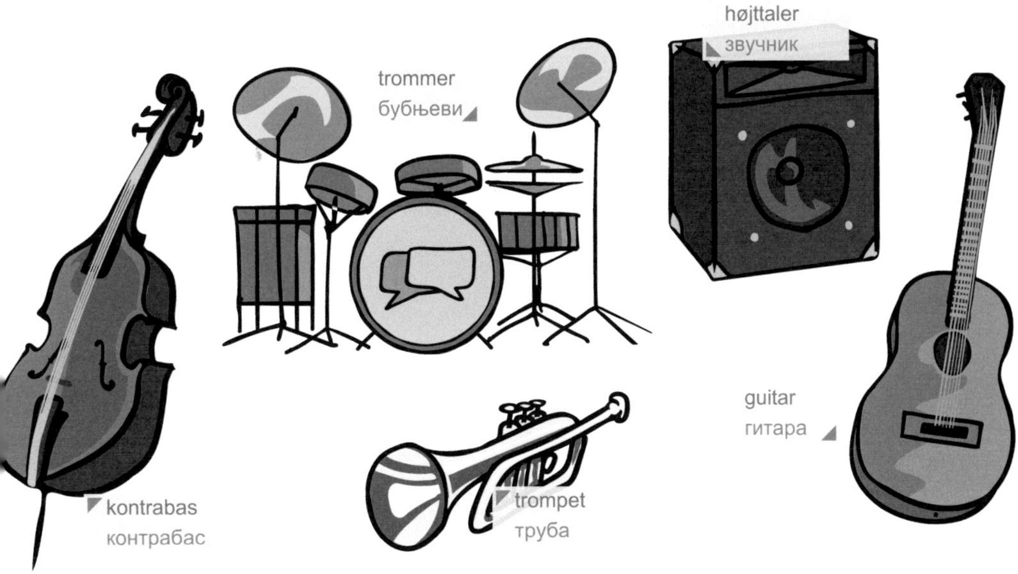

trommer
бубњеви

højttaler
звучник

guitar
гитара

kontrabas
контрабас

trompet
труба

klaver

клавир

violin

виолина

bas

бас

pauke

тимпани

tromme

ударљке за бубњеве

keyboard

типке клавира

saxofon

саксофон

fløjte

флаута

mikrofon

микрофон

зоолошки врт

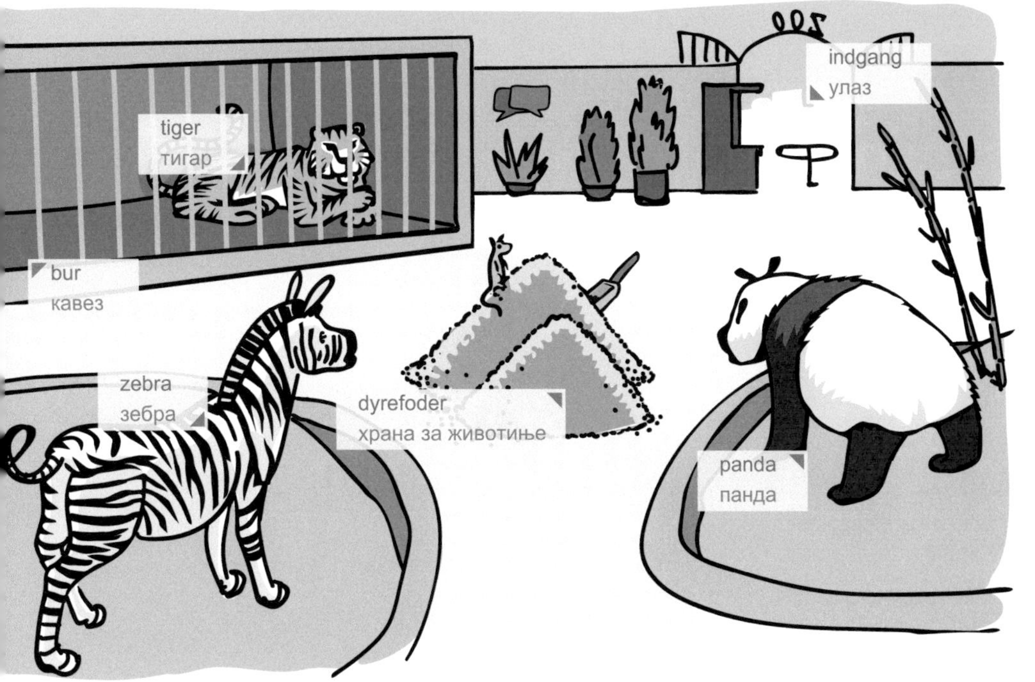
indgang
улаз
tiger
тигар
bur
кавез
zebra
зебра
dyrefoder
храна за животиње
panda
панда

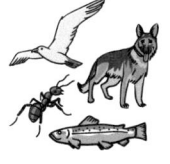

dyr
животиње

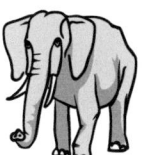

elefant
слон

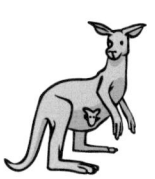

kænguru
кенгур

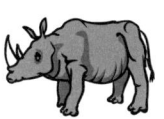

næsehorn
носорог

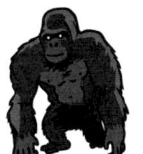

gorilla
горила

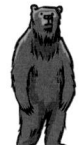

bjørn
медвед

kamel

камила

struds

ној

løve

лав

abe

мајмун

flamingo

фламинго

papegøje

папагај

isbjørn

поларни медвед

pingvin

пингвин

haj

ајкула

påfugl

паун

slange

змија

krokodille

крокодил

dyrepasser

чувар у зоолошком врту

sæl

туљан

jaguar

јагуар

pony

пони

leopard

леопард

flodhest

нилски коњ

giraf

жирафа

ørn

орао

vildsvin

дивља свиња

fisk

риба

skildpadde

корњача

hvalros

морж

ræv

лисица

gazelle

газела

amerikansk football
амерички ногомет

cykling
бициклизам

tennis
тенис

basketball
кошарка

svømning
пливање

boksning
бокс

ishockey
хокеј на леду

fodbold
фудбал

badminton
бадминтон

atletik
атлетика

håndbold
рукомет

skiløb
скијање

polo
поло

springe
скочити

grine
смејати се

give et knus
загрлити

gå
ићи

synge
певати

drømme
сањати

bede
молити се

kysse
пољубити

skrive

писати

tegne

цртати

vise

показати

skubbe

гурати

give

дати

tage

узети

have
имати

gøre
чинити

være
бити

stå
стојати

løbe
трчати

trække
повлачити

kaste
бацити

falde
падати

ligge
лежати

vente
чекати

bære
носити

sidde
седити

tage på
облачити

sove
спавати

vågne
пробудити се

se på

гледати

græde

плакати

ae

миловати

kæmme

чешљати

tale

говорити

forstå

разумети

spørge

питати

høre

слушати

drikke

пити

spise

јести

rydde op

поспремити

elske

волети

koge

кухати

køre

возити

flyve

летети

sejle

пловити

regne

рачунати

læse

читати

lære

учити

arbejde

радити

gifte sig med

венчати се

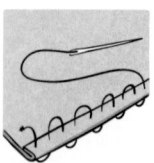

sy

шити

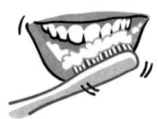

børste tænder

прати зубе

dræbe

убити

ryge

пушити

sende

послати

familie
породица

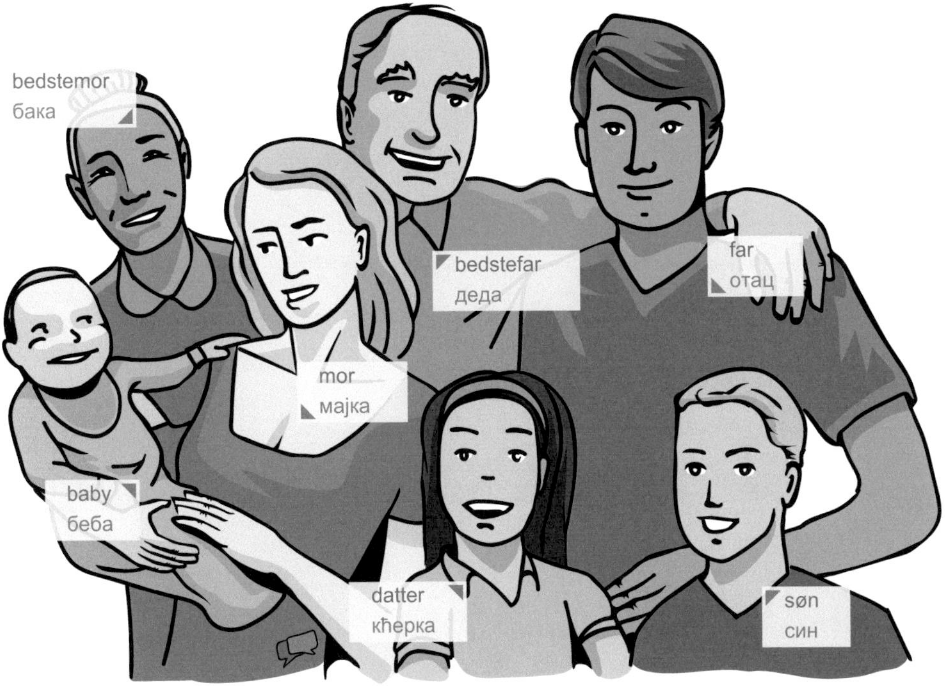
bedstemor
бака
bedstefar
деда
far
отац
mor
мајка
baby
беба
datter
кћерка
søn
син

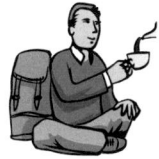

gæst

гост

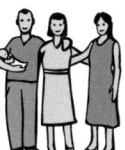

tante

тетка

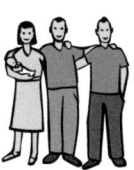

onkel

ујак, стриц

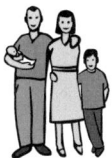

bror

брат

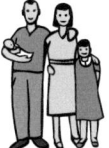

søster

сестра

krop

тело

pande
чело
øje
око
skulder
раме
finger
прст
ansigt
лице
hage
брада
hånd
рука
bryst
груди
ben
нога
arm
рука

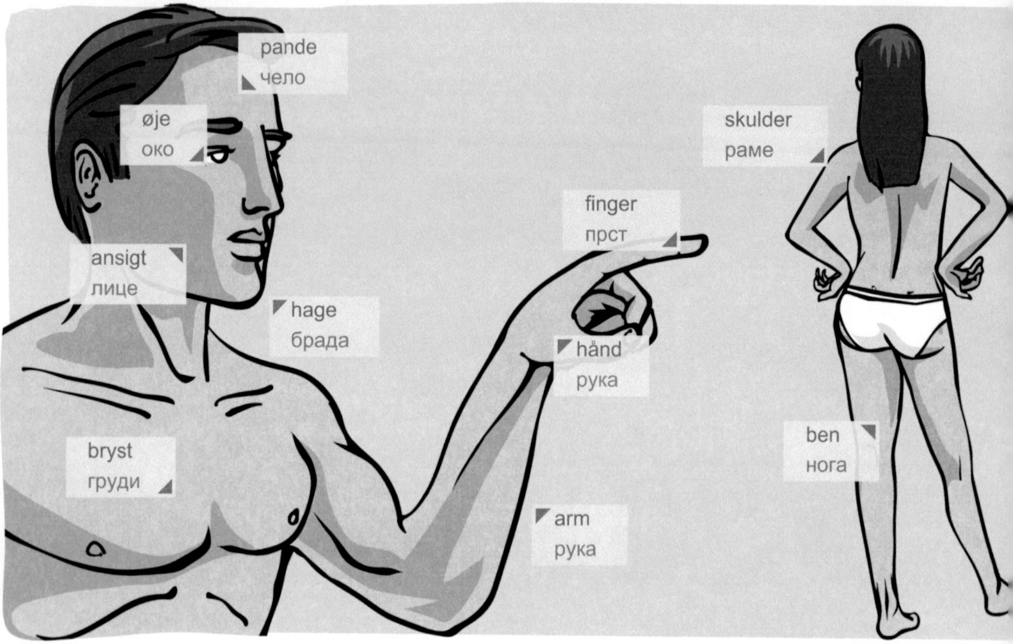

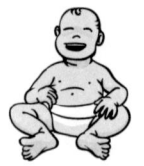

baby

беба

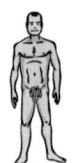

mand

мушкарац

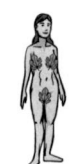

kvinde

жена

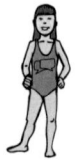

pige

девојчица

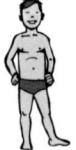

dreng

дечак

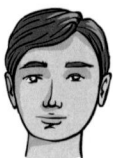

hoved

глава

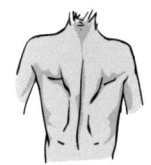

ryg

лећа

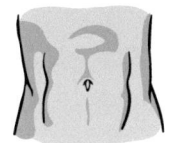

mave

стомак

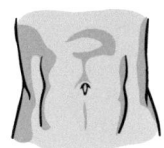

navle

пупак

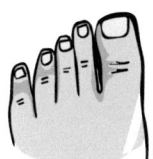

tå

ножни прст

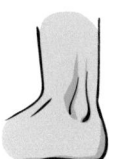

hæl

пета

knogle

кост

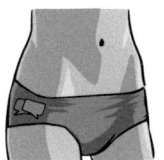

hofte

кукови

knæ

колено

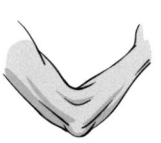

albue

лакат

næse

нос

bagdel

задњица

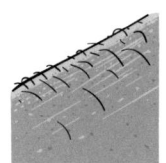

hud

кожа

kind

образ

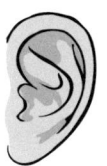

øre

уво

læbe

усна

krop - тело

mund

уста

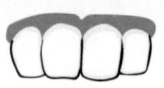

tand

зуб

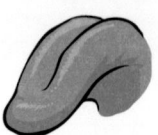

tunge

језик

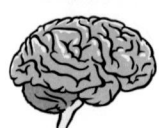

hjerne

мозак

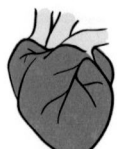

hjerte

срце

muskel

мишић

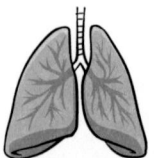

lunge

плућа

lever

јетра

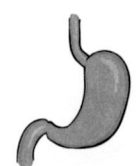

mavesæk

желудац

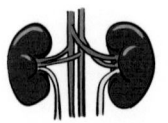

nyrer

бубрези

sex

полни однос

kondom

кондом

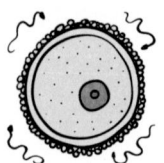

ægcelle

јајна ћелија

sperm

сперма

svangerskab

трудноћа

krop - тело

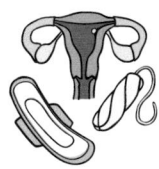

menstruation

менструација

vagina

вагина

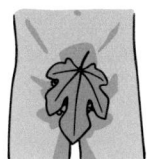

penis

пенис

øjenbryn

обрва

hår

коса

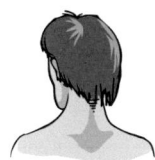

hals

врат

sygehus
болница

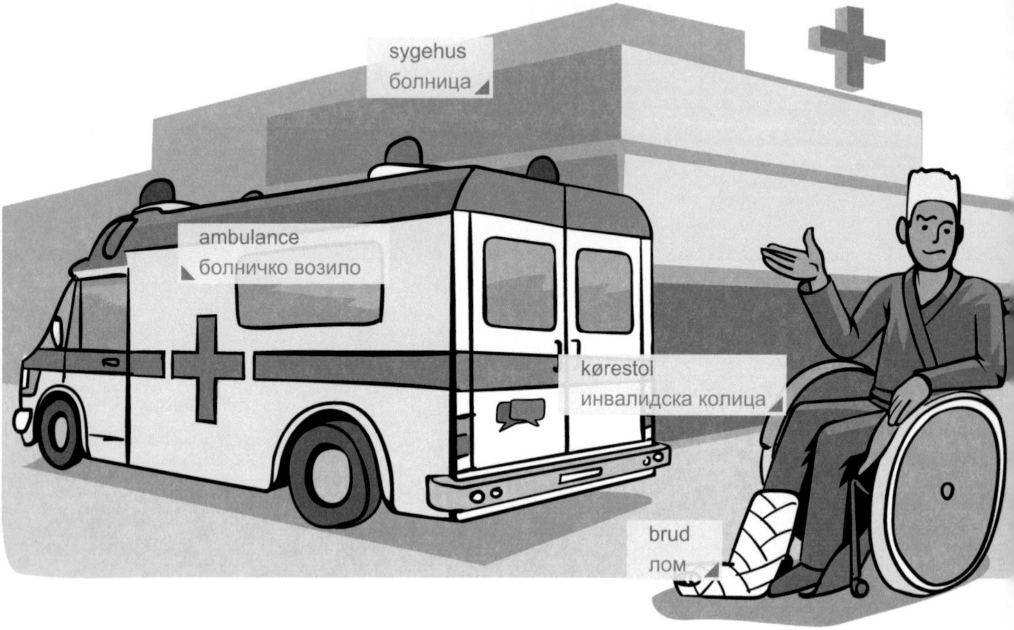

sygehus
болница
ambulance
болничко возило
kørestol
инвалидска колица
brud
лом

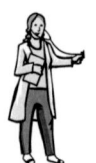

lægе

лекар

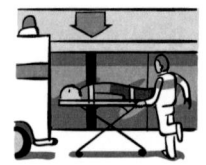

akutmodtagelse

хитна медицинска служба

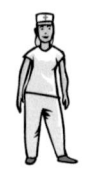

sygeplejerske

медицинска сестра

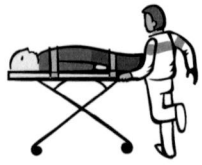

nødstilfælde

хитни случај

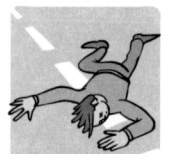

bevidstløs

несвест

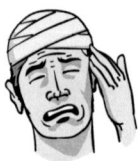

smerte

бол

skade

поврeда

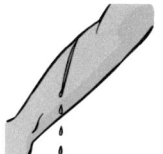

blødning

крварење

hjerteinfarkt

срчани удар

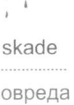

slagtilfælde

удар

allergi

алергија

hoste

кашаљ

feber

грозница

influenza

грипа

diarré

пролив

hovedpine

главобоља

kræft

рак

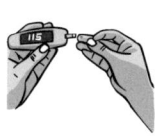

diabetes

дијабетес

kirurg

хирург

skalpel

скалпел

operation

операција

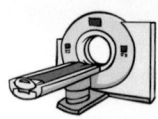

CT

цт

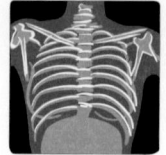

røntgen

рентген

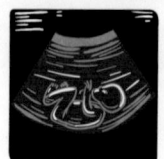

ultralyd

ултразвук

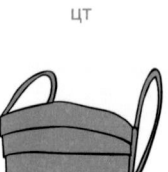

maske

маска

sygdom

болест

venteværelse

чекаона

krykke

штака

plaster

фластер

forbinding

завој

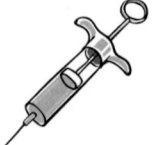

injektion

ињекција

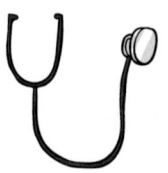

stetoskop

стетоскоп

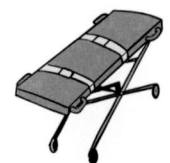

båre

носила

termometer

термометар

fødsel

рођење

overvægt

прекомерна тежина

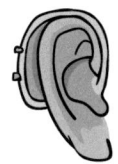

høreapparat

слушни апарат

desinficerende middel

средство за дезинфекцију

infektion

инфекција

virus

вирус

HIV / AIDS

хив / аидс

medicin

медицина

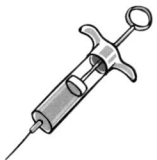

vaccination

вакцинација

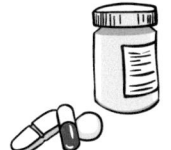

tabletter

таблете

pille

пилула

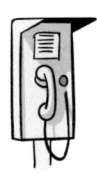

nødopkald

хитни позив

blodtryksmåler

уређај за мерење притиска

syg / rask

болесно / здраво

Hjælp!

помоћ!

alarm

аларм

overfald

насртај

angreb

напад

fare

опасност

nødudgang

излаз у случају нужде

Det brænder!

пожар!

ildslukker

противпожарни апарат

uheld

незгоца

førstehjælps-kuffert

кутија прве помоћи

SOS

сос

politi

полиција

Europa

Европа

Nordamerika

Северна Америка

Sydamerika

Јужна Америка

Afrika

Африка

Asien

Азија

Australien

Аустралија

Atlanterhavet

Атлантик

Stillehavet

Пацифик

Indiske Ocean

Индијски океан

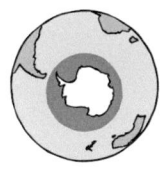

Sydlige Ishav

Антарктички океан

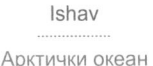

Ishav

Арктички океан

Nordpol

Северни рол

Sydpol

Јужни рол

Antarktis

Антарктик

Jorden

земља

land

земља

hav

море

ø

оток

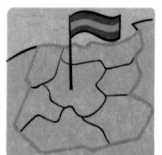

nation

нација

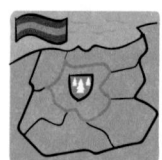

stat

држава

urskive

бројчаник сата

timeviser

сатна казаљка

minutviser

минутна казаљка

sekundviser

секундна казаљка

Hvad er klokken?

Колико је сати?

dag

дан

tid

време

nu

сада

digitalur

дигитални сат

minut

минута

time

час

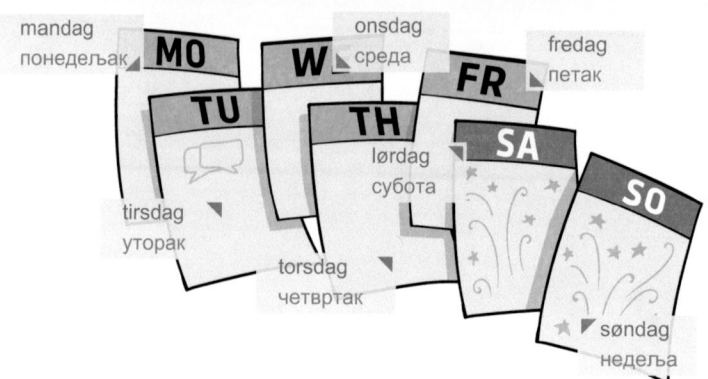

mandag / понедељак
onsdag / среда
fredag / петак
tirsdag / уторак
torsdag / четвртак
lørdag / субота
søndag / недеља

i går

јуче

i dag

данас

i morgen

сутра

morgen

јутро

middag

подне

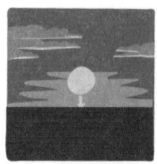

aften

вече

arbejdsdage

радни дани

weekend

викенд

regn
киша

regnbue
дуга

vind
ветар

sne
снег

forår
пролеће

sommer
лето

efterår
jесен

vinter
зима

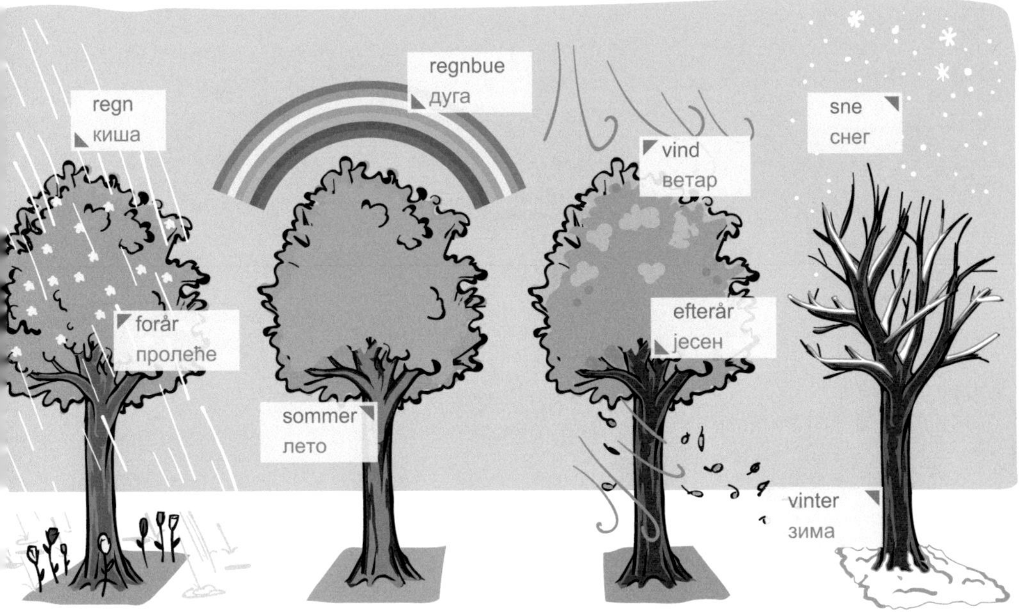

vejrudsigt

....

метеоролошка прогноза

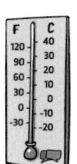

termometer

....

термометар

solskin

....

сунчана светлост

sky

....

облак

tåge

....

магла

luftfugtighed

....

влажност ваздуха

lyn

муња

torden

грмљавина

storm

олуја

hagl

туча

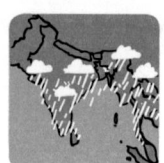

monsun

монсун

flod

поплава

is

лед

januar

јануар

februar

фебруар

marts

март

april

април

maj

мај

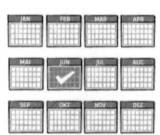

juni

јуни

juli

јули

august

август

september

септембар

oktober

октобар

november

новембар

december

децембар

former
облици

cirkel

круг

kvadrat

квадрат

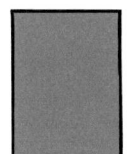

firkant

правоугао

trekant

троугао

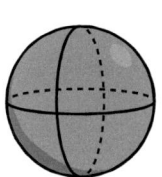

kugle

кугла

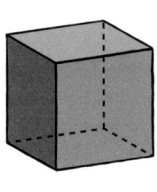

terning

коцка

hvid

бела

gul

жута

orange

наранџаста

pink

ружичаста

rød

црвена

lilla

љубичаста

blå

плава

grøn

зелена

brun

смеђа

grå

сива

sort

црна

meget / lidt

много / мало

rasende / fredelig

љутито / мирно

smuk / grim

лепо / ружно

begyndelse / slut

почетак / крај

stor / lille

велико / малено

lys / mørk

светло / тамно

bror / søster

брат / сестра

ren / snavset

чисто / прљаво

fuldkommen / ufuldkommen

потпуно / непотпуно

dag / nat

дан / ноћ

død / levende

мртво / живо

bred / smal

широко / уско

spiselig / uspiselig

јестиво / нејестиво

vred / venlig

зло / добро

ophidset / kedet

узбуђено / досадно

tyk / tynd

дебело / мршаво

først / sidst

на почетку / на крају

ven / fjende

пријатељ / непријатељ

fuld / tom

пуно / празно

hård / blød

тврдо / мекано

tung / let

тешко / лагано

sult / tørst

глад / жеђ

syg / rask

болесно / здраво

illegal / legal

илегално / легално

intelligent / dum

паметно / глупо

venstre / højre

лево / десно

nær / fjern

близу / далеко

ny / brugt

ново / половно

intet / noget

ништа / нешто

gammel / ung

старо / младо

tændt / slukket

укључено / искључено

åben / lukket

отворено / затворено

stille / højt

тихо / гласно

rig / fattig

богато / сиромашно

rigtig / forkert

тачно / погрешно

ru / glat

храпаво / глатко

ked af det / lykkelig

тужно / сретно

kort / lang

кратко / дуго

langsom / hurtig

полако / брзо

våd / tør

мокро / сухо

varm / kold

топло / хладно

krig / fred

рат / мир

0	**1**	**2**
nul	en	to
нула	један	два

3	**4**	**5**
tre	fire	fem
три	четири	пет

6	**7**	**8**
seks	syv	otte
шест	седам	осам

9	**10**	**11**
ni	ti	elleve
девет	десет	једанаест

12

tolv

дванаест

13

tretten

тринаест

14

fjorten

четрнаест

15

femten

петнаест

16

seksten

шестнаест

17

sytten

седамнаест

18

atten

осамнаест

19

nitten

деветнаест

20

tyve

двадесет

100

hundrede

стотину

1.000

tusinde

хиљаду

1.000.000

million

милион

engelsk

енглески

amerikansk engelsk

амерички енглески

kinesisk mandarin

мандарински кинески

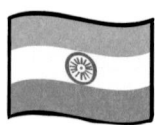

hindi

хиндски

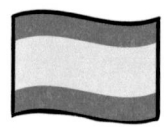

spansk

шпански

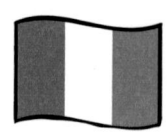

fransk

француски

arabisk

арапски

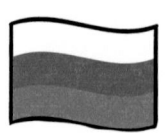

russisk

руски

portugisisk

португалски

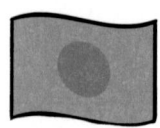

bengalsk

бенгалски

tysk

немачки

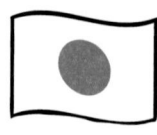

japansk

јапански

jeg

ja

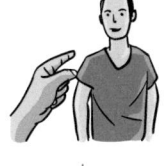

du

ти

han / hun / den / det

он / она / оно

vi

ми

I

ви

de

они

hvem?

Ко?

hvad?

Шта?

hvordan?

Како?

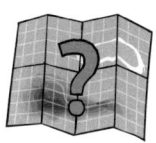

hvor?

Где?

hvornår?

Када?

navn

име

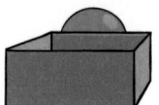

bag

иза

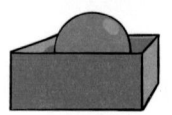

i

у

foran

испред

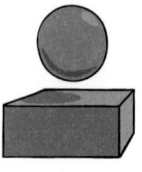

over

преко

på

на

under

испод

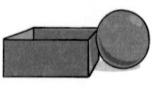

ved siden af

поред

imellem

између

sted

место